D1613953

BONES AND SKULLS

First published in 2011 in the USA by
Rockport Publishers, a member of
Quayside Publishing Group
100 Cummings Center / 406-L
Beverly, Massachusetts 01915
USA
Phone: 987-282-9590
Fax: 978-283-2742
www.rockpub.com

Illustrations for Templates: Curl, Miwa Hirose, Yuki Kobayashi
Illustrations for Components: RYOKEN
Illustrations for Examples In Use: Andrew Pothecary (forbiddencolour)
Art Direction: Katsuya Moriizumi
Design: Andrew Pothecary (forbiddencolour)
Translation: Alma Reyes (ricorico)
Editing: Rico Komanoya (ricorico)

ISBN-13: 978-1-59253-660-3
ISBN-10: 1-59253-660-3

10 9 8 7 6 5 4 3 2 1

Printed in China

BONES AND SKULLS

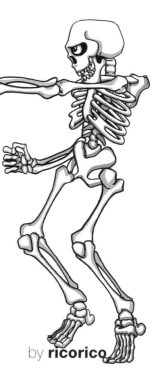

by **ricorico**

CONTENTS

HOW TO USE THIS BOOK
AND THE DVD-ROM

This volume is a collection of usable artworks for designers and artists that features hundreds of popular and thematic subjects. It is designed to highlight the following categories:

Templates: *These are designed to be used as is, or to be manipulated, edited, and/or modified as preferred, for your personal and professional use. This chapter lies in the middle section of the book, and shows one item per page in order for you to see its details.*

Examples of Applied Templates: *In the following page, and before the Templates chapter begins, there are seventeen variations of examples of the applied templates illustrated in this chapter. From printed materials to interior decoration items, you can see how effectively the entire template drawing or a part of it can be rendered.*

Components: *All templates are made of multiple components introduced in this chapter. These components can be used as single or combined items, or joined with other components from other templates, to create your own unique and original artworks. The file numbers of the components correspond to the page number of the template illustrations.*

DVD-ROM: *All the original files for the templates and components are digitally archived both in JPEG and in Adobe Illustrator vector files in the DVD-ROM that is attached at the end of the book.*

EXAMPLES

Baseball cap

Notebook

Tote bag

Origami

Coffee cup

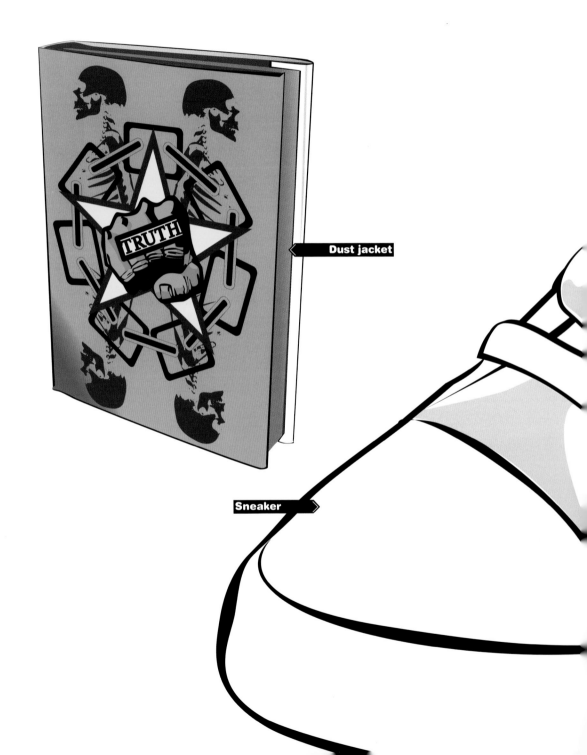

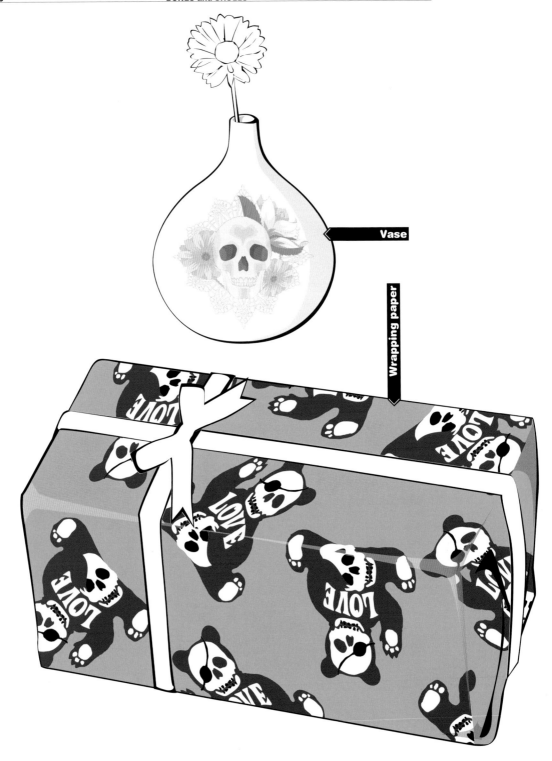

Vase

Wrapping paper

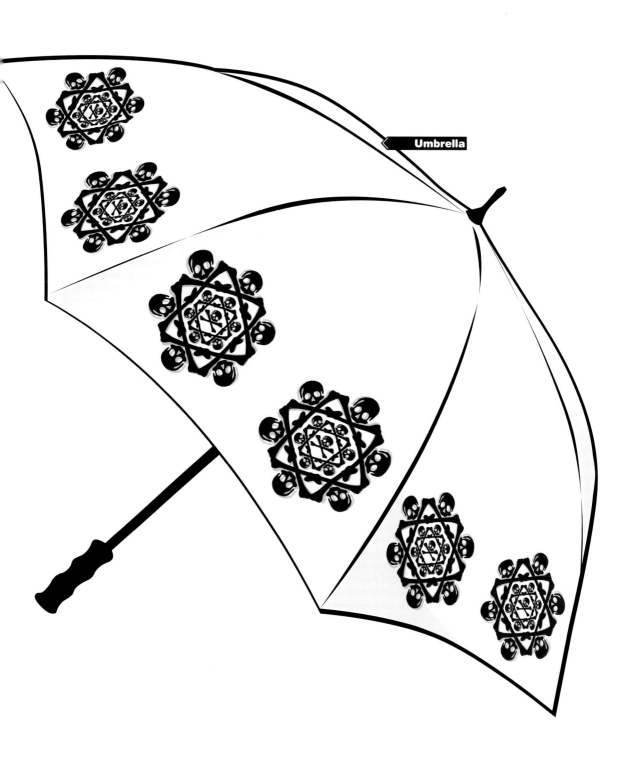

Umbrella

T-shirt

Lampshade

TEMPLATES

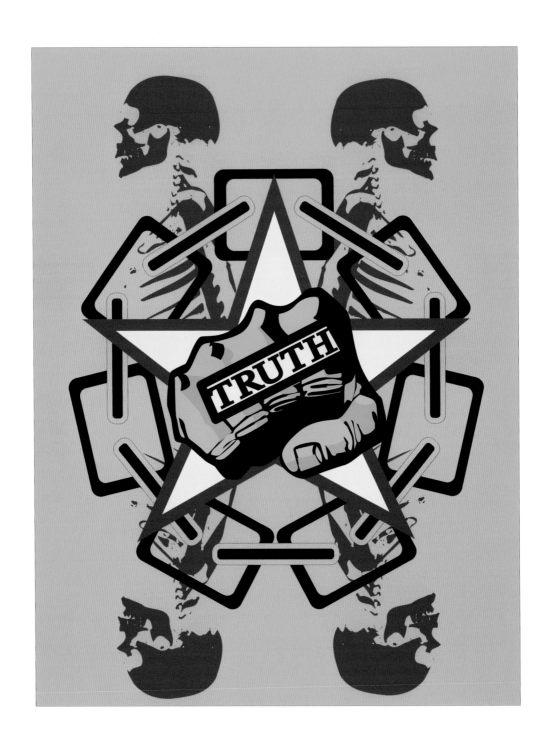

TEMPLATES

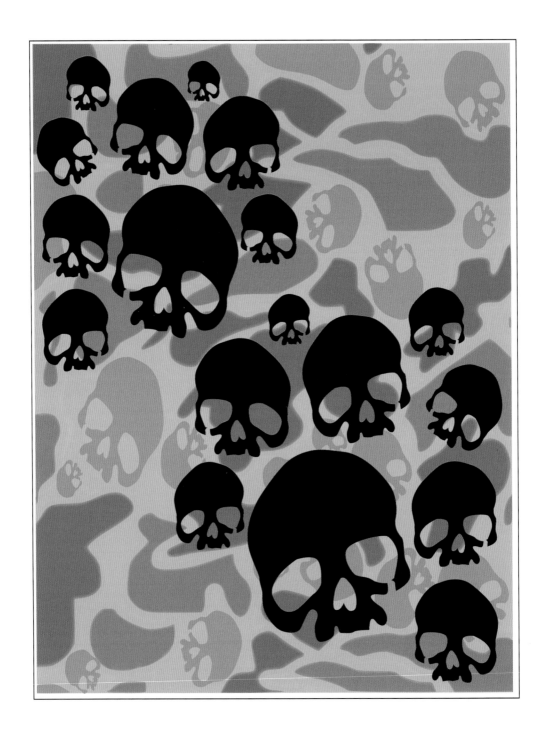

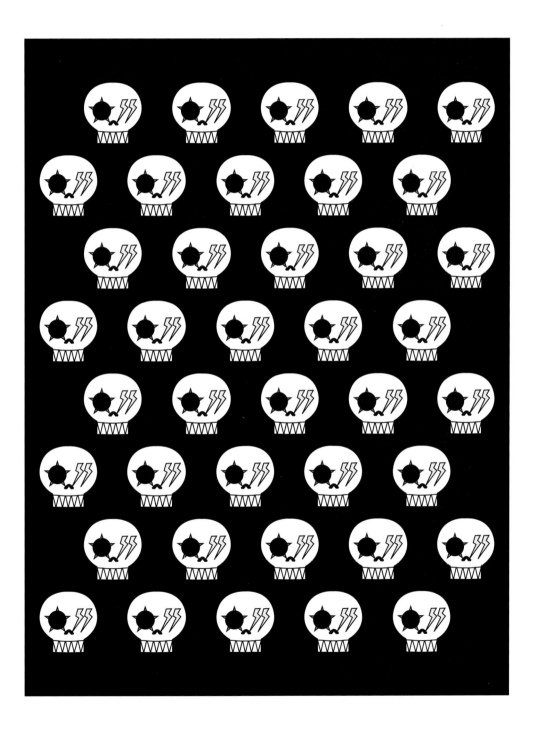

BS_T26

TEMPLATES

BS_T28   **T E M P L A T E S**

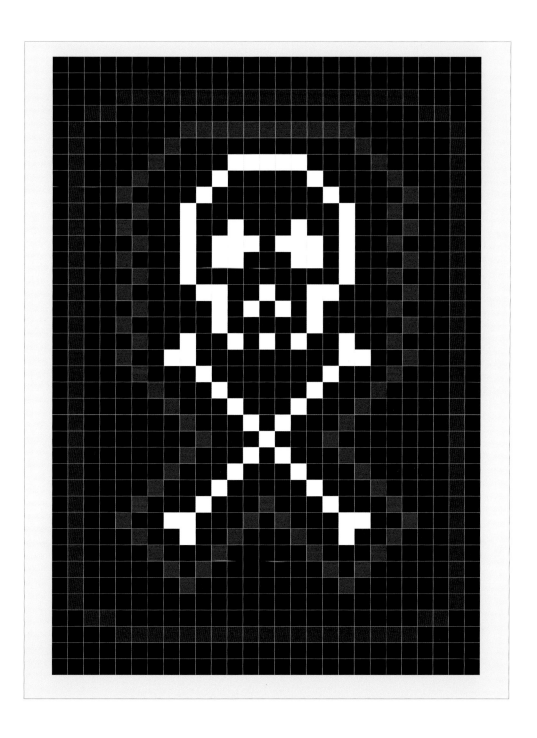

TEMPLATES

BS_T36

BS_T38   **TEMPLATES**

TEMPLATES

TEMPLATES

TEMPLATES

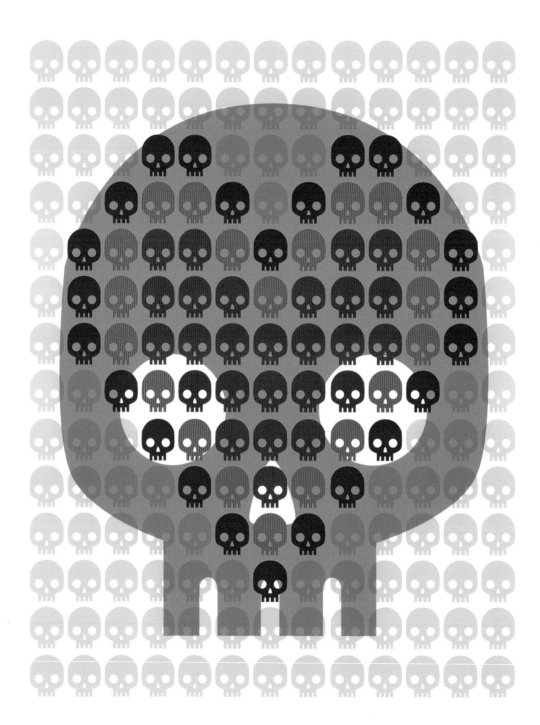

BS_T45

TEMPLATES

BS_T48   **TEMPLATES**

BS_T50   # TEMPLATES

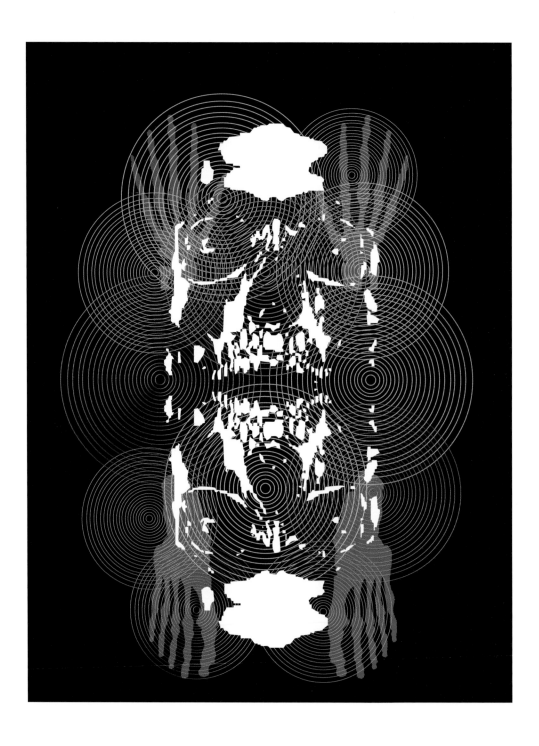

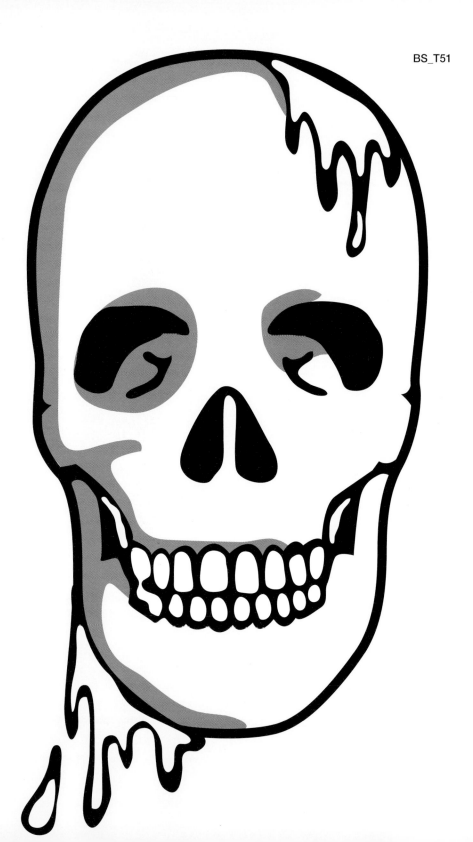

TEMPLATES

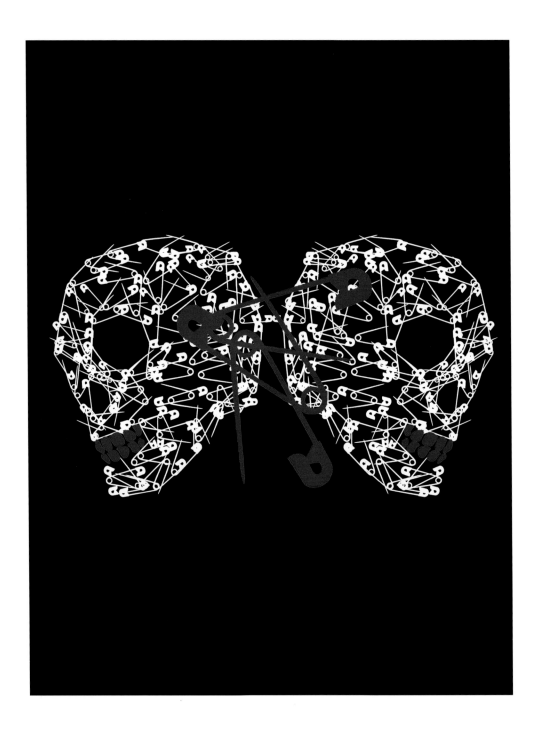

TEMPLATES

ROCK

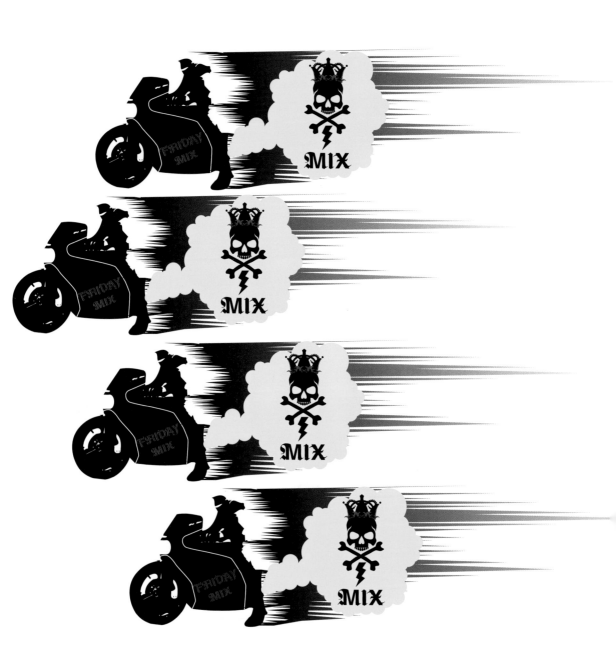

TEMPLATES

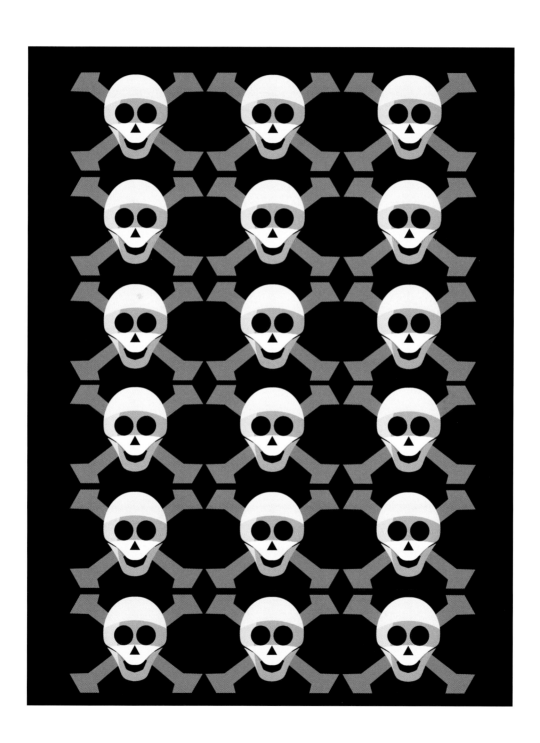

BS_T70

TEMPLATES

TEMPLATES

TEMPLATES

TEMPLATES

TEMPLATES

TEMPLATES

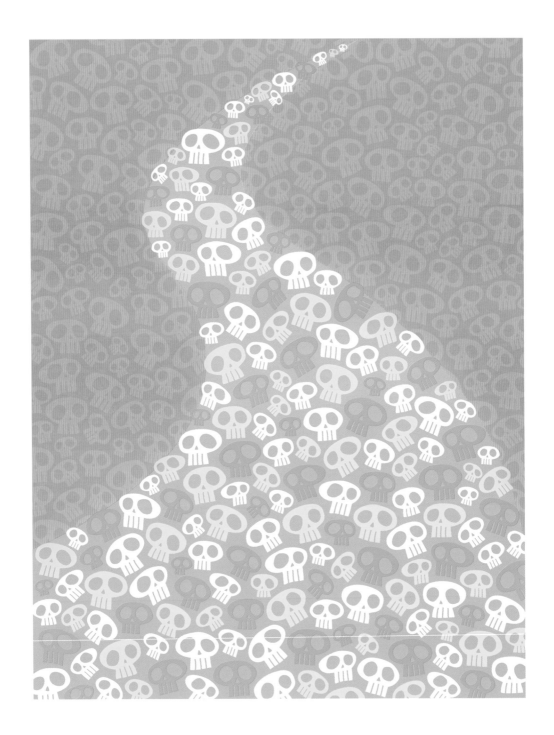

TEMPLATES

SCORE-1   HI-SCORE   SCORE-2
00030   02500   00000

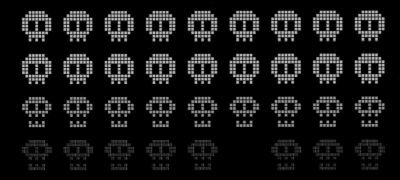

CREDIT 00

TEMPLATES

TEMPLATES

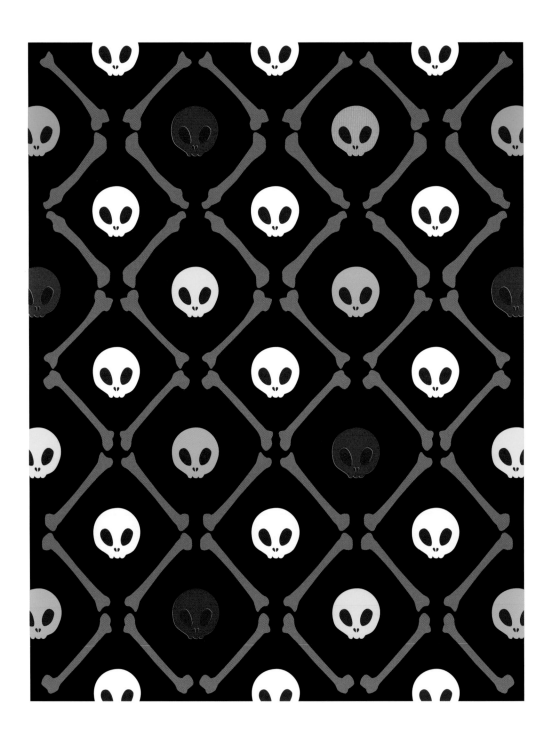

TEMPLATES

BS_T91

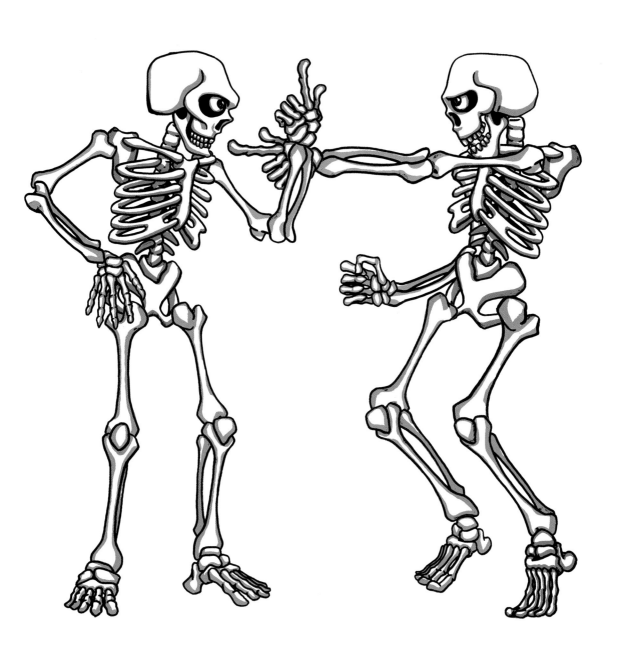

TEMPLATES

TEMPLATES

BS_T97

TEMPLATES

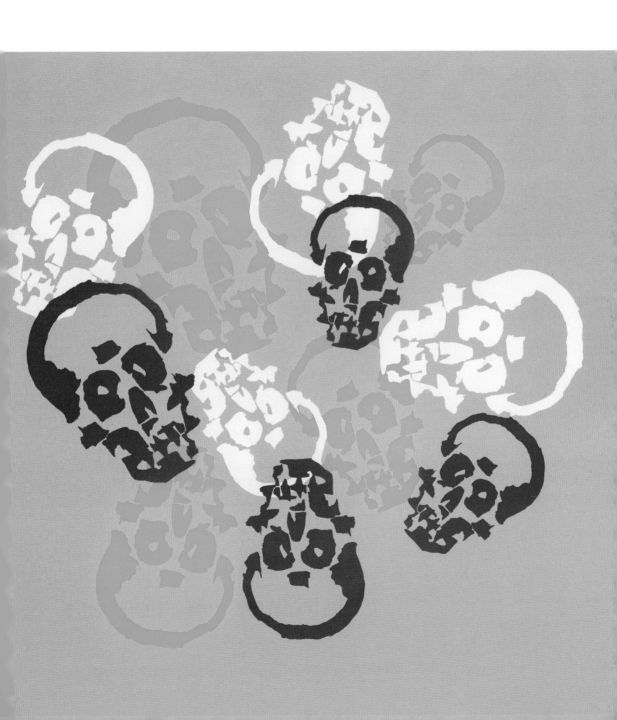

TEMPLATES

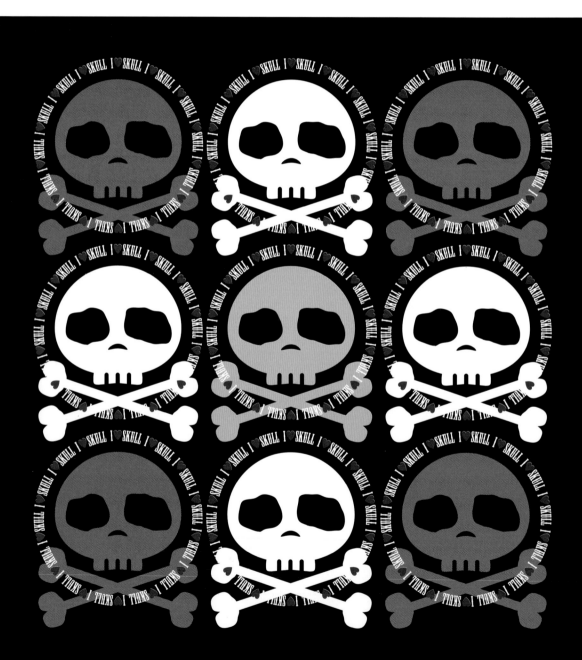

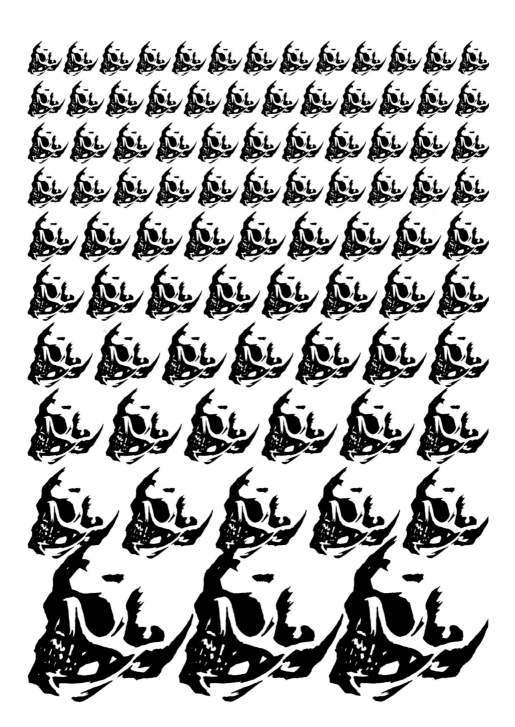

           TEMPLATES

BS_T103

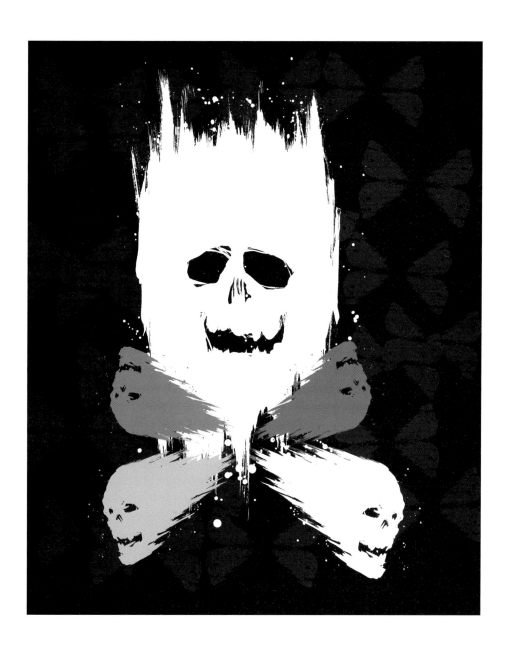

TEMPLATES

BS_T106   **TEMPLATES**

BS_T107

TEMPLATES

BS_T110   **TEMPLATES**

BS_T112

TEMPLATES

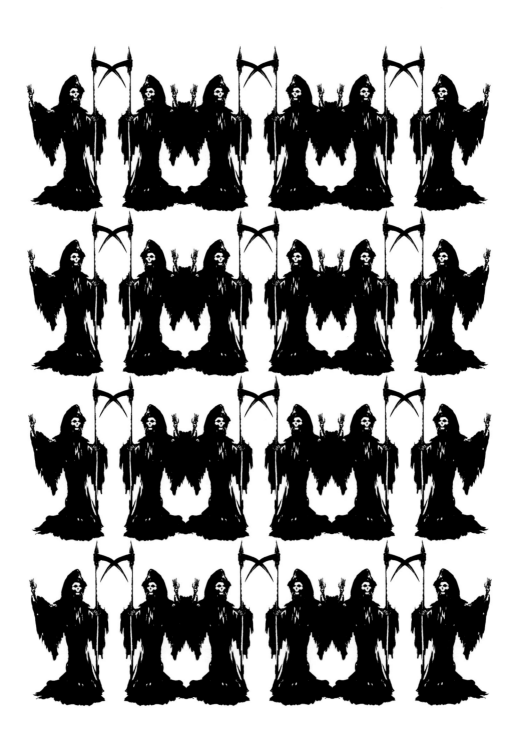

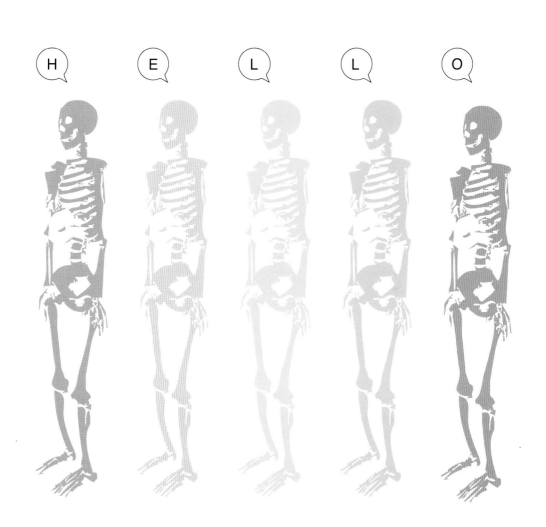

TEMPLATES

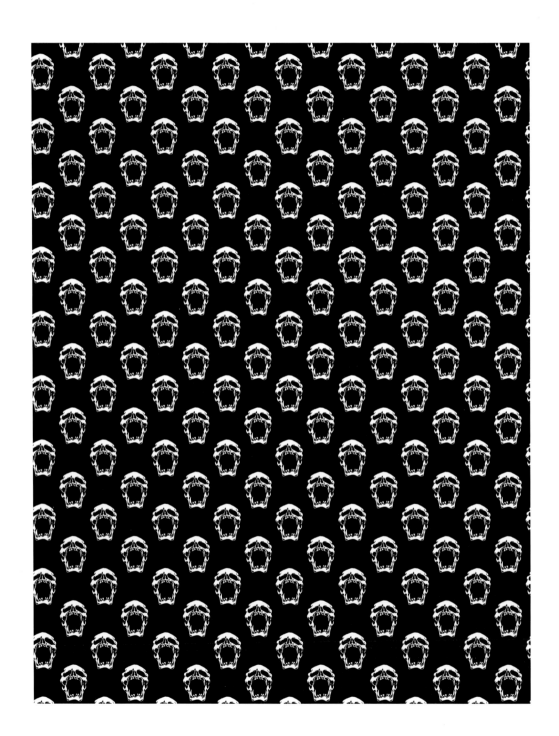

BONES and SKULLS

TEMPLATES

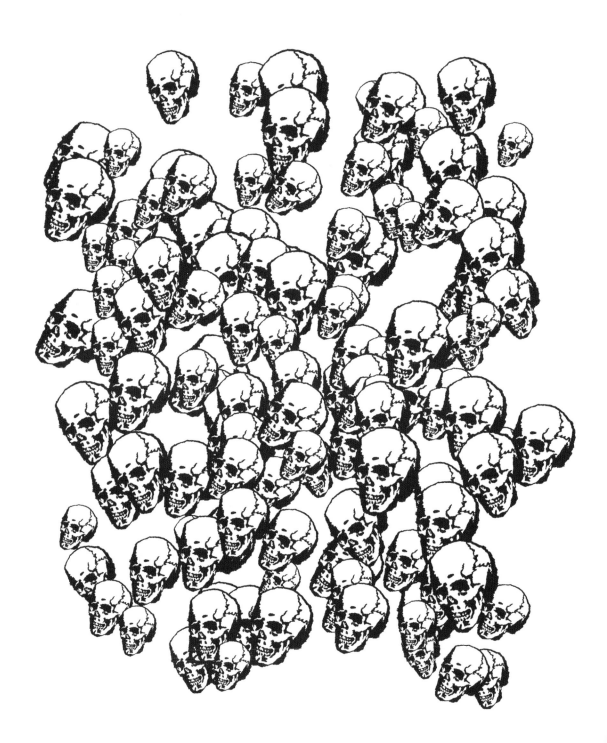

BS_T117

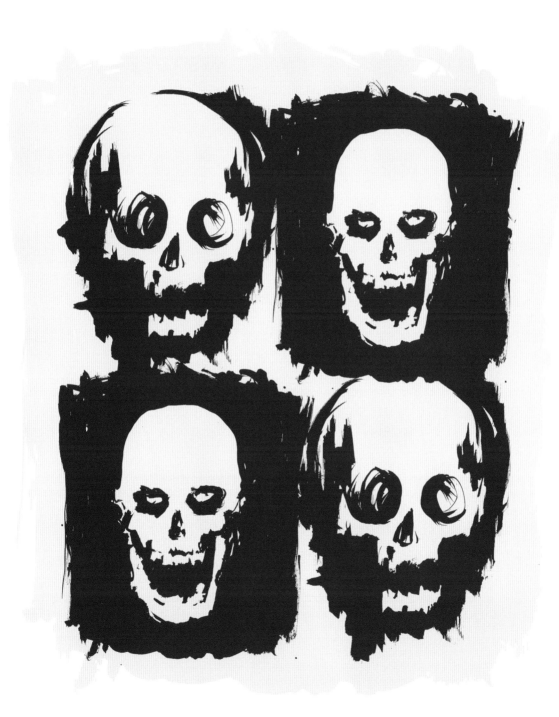

TEMPLATES

TEMPLATES

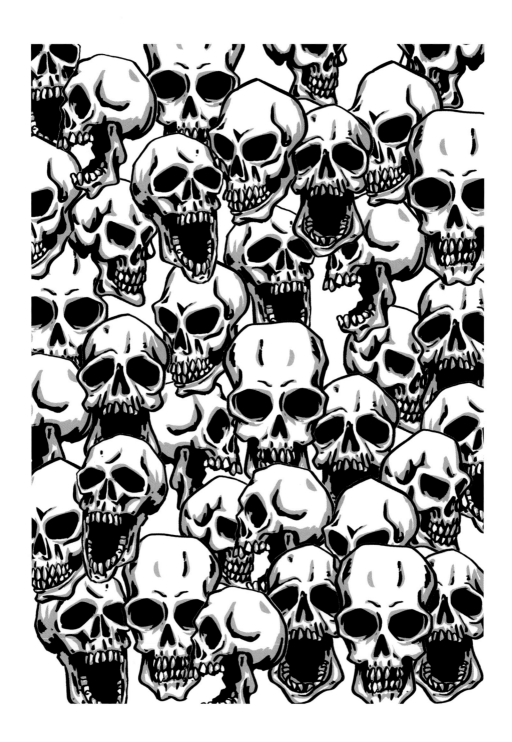

COMPONENTS

COMPONENTS

File name: BS_T22_01
Page 22

File name: BS_T22_02
Page 22

File name: BS_T22_03
Page 22

File name: BS_T22_04
Page 22

File name: BS_T22_05
Page 22

File name: BS_T23_01
Page 23

File name: BS_T23_02
Page 23

File name: BS_T24_01
Page 24

File name: BS_T25_01
Page 25

File name: BS_T26_01
Page 26

File name: BS_T26_02
Page 26

File name: BS_T26_03
Page 26

File name: BS_T26_04
Page 26

File name: BS_T27_01
Page 27

File name: BS_T27_02
Page 27

File name: BS_T28_01
Page 28

125

File name: BS_T28_02
Page 28

File name: BS_T28_03
Page 28

File name: BS_T29_01
Page 29

File name: BS_T30_01
Page 30

File name: BS_T30_02
Page 30

File name: BS_T30_03
Page 30

File name: BS_T30_04
Page 30

File name: BS_T30_05
Page 30

File name: BS_T31_01
Page 31

File name: BS_T31_02
Page 31

File name: BS_T31_03
Page 31

File name: BS_T31_04
Page 31

File name: BS_T31_05
Page 31

File name: BS_T31_06
Page 31

File name: BS_T32_01
Page 32

File name: BS_T32_02
Page 32

COMPONENTS

File name: BS_T32_03
Page 32

File name: BS_T33_01
Page 33

File name: BS_T33_02
Page 33

File name: BS_T33_03
Page 33

File name: BS_T33_04
Page 33

File name: BS_T34_01
Page 34

File name: BS_T34_02
Page 34

File name: BS_T34_03
Page 34

File name: BS_T34_04
Page 34

File name: BS_T35_01
Page 35

File name: BS_T35_02
Page 35

File name: BS_T35_03
Page 35

File name: BS_T35_04
Page 35

File name: BS_T36_01
Page 36

File name: BS_T36_02
Page 36

File name: BS_T36_03
Page 36

File name: BS_T36_04
Page 36

File name: BS_T37_01
Page 37

File name: BS_T37_02
Page 37

File name: BS_T37_03
Page 37

File name: BS_T37_04
Page 37

File name: BS_T38_01
Page 38

File name: BS_T39_01
Page 39

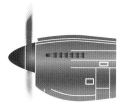

File name: BS_T39_02
Page 39

File name: BS_T39_03
Page 39

File name: BS_T40_01
Page 40

File name: BS_T40_02
Page 40

File name: BS_T41_01
Page 41

File name: BS_T42_01
Page 42

File name: BS_T42_02
Page 42

File name: BS_T42_03
Page 42

File name: BS_T43_01
Page 43

COMPONENTS

File name: BS_T44_01
Page 44

File name: BS_T45_01
Page 45

File name: BS_T46_01
Page 46

File name: BS_T47_01
Page 47

File name: BS_T47_02
Page 47

File name: BS_T47_03
Page 47

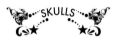

File name: BS_T47_04
Page 47

File name: BS_T47_05
Page 47

File name: BS_T47_06
Page 47

File name: BS_T47_07
Page 47

File name: BS_T48_01
Page 48

File name: BS_T48_02
Page 48

File name: BS_T48_03
Page 48

File name: BS_T48_04
Page 48

File name: BS_T48_05
Page 48

File name: BS_T48_06
Page 48

File name: BS_T48_07
Page 48

File name: BS_T48_08
Page 48

File name: BS_T48_09
Page 48

File name: BS_T48_10
Page 48

File name: BS_T48_11
Page 48

File name: BS_T48_12
Page 48

File name: BS_T48_13
Page 48

File name: BS_T49_01
Page 49

File name: BS_T50_01
Page 50

File name: BS_T50_02
Page 50

File name: BS_T50_03
Page 50

File name: BS_T50_04
Page 50

File name: BS_T51_01
Page 51

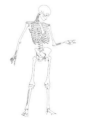

File name: BS_T52_01
Page 52

File name: BS_T52_02
Page 52

File name: BS_T52_03
Page 52

COMPONENTS

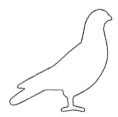

File name: BS_T52_04
Page 52

File name: BS_T52_05
Page 52

File name: BS_T53_01
Page 53

File name: BS_T54_01
Page 54

File name: BS_T54_02
Page 54

File name: BS_T55_01
Page 55

File name: BS_T55_02
Page 55

File name: BS_T55_03
Page 55

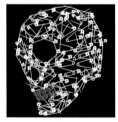

File name: BS_T56_01
Page 56

File name: BS_T56_02
Page 56

File name: BS_T57_01
Page 57

File name: BS_T57_02
Page 57

File name: BS_T57_03
Page 57

File name: BS_T58_01
Page 58

File name: BS_T58_02
Page 58

File name: BS_T59_01
Page 59

File name: BS_T59_02
Page 59

File name: BS_T60_01
Page 60

File name: BS_T60_02
Page 60

File name: BS_T60_03
Page 60

File name: BS_T61_01
Page 61

File name: BS_T61_02
Page 61

File name: BS_T61_03
Page 61

File name: BS_T62_01
Page 62

File name: BS_T62_02
Page 62

File name: BS_T62_03
Page 62

File name: BS_T62_04
Page 62

File name: BS_T63_01
Page 63

File name: BS_T63_02
Page 63

File name: BS_T63_03
Page 63

File name: BS_T63_04
Page 63

File name: BS_T64_01
Page 64

COMPONENTS

File name: BS_T64_02
Page 64

File name: BS_T64_03
Page 64

File name: BS_T64_04
Page 64

File name: BS_T64_05
Page 64

File name: BS_T64_06
Page 64

File name: BS_T65_01
Page 65

File name: BS_T66_01
Page 66

File name: BS_T67_01
Page 67

File name: BS_T67_02
Page 67

File name: BS_T68_01
Page 68

File name: BS_T69_01
Page 69

File name: BS_T70_01
Page 70

File name: BS_T70_02
Page 70

File name: BS_T71_01
Page 71

File name: BS_T71_02
Page 71

File name: BS_T71_03
Page 71

File name: BS_T72_01
Page 72

File name: BS_T72_02
Page 72

File name: BS_T72_03
Page 72

File name: BS_T72_04
Page 72

File name: BS_T73_01
Page 73

File name: BS_T73_02
Page 73

File name: BS_T73_03
Page 73

File name: BS_T73_04
Page 73

File name: BS_T74_01
Page 74

File name: BS_T74_02
Page 74

File name: BS_T74_03
Page 74

File name: BS_T75_01
Page 75

File name: BS_T75_02
Page 75

File name: BS_T76
Page 76

File name: BS_T77_01
Page 77

File name: BS_T77_02
Page 77

COMPONENTS

File name: BS_T78_01
Page 78

File name: BS_T78_02
Page 78

File name: BS_T78_03
Page 78

File name: BS_T78_04
Page 78

File name: BS_T78_05
Page 78

File name: BS_T79_01
Page 79

File name: BS_T79_02
Page 79

File name: BS_T79_03
Page 79

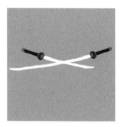

File name: BS_T79_04
Page 79

File name: BS_T79_05
Page 79

File name: BS_T80_01
Page 80

File name: BS_T81_01
Page 81

File name: BS_T82_01
Page 82

File name: BS_T83_01
Page 83

File name: BS_T84_01
Page 84

File name: BS_T84_02
Page 84

File name: BS_T85_01
Page 85

File name: BS_T86_01
Page 86

File name: BS_T86_02
Page 86

File name: BS_T86_03
Page 86

File name: BS_T86_04
Page 86

peaceful day!

File name: BS_T86_05
Page 86

File name: BS_T87_01
Page 87

File name: BS_T88_01
Page 88

File name: BS_T88_02
Page 88

File name: BS_T89_01
Page 89

File name: BS_T89_02
Page 89

File name: BS_T89_03
Page 89

File name: BS_T89_04
Page 89

File name: BS_T90_01
Page 90

File name: BS_T90_02
Page 90

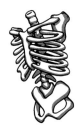

File name: BS_T90_03
Page 90

COMPONENTS

File name: BS_T90_04
Page 90

File name: BS_T90_05
Page 90

File name: BS_T90_06
Page 90

File name: BS_T90_07
Page 90

File name: BS_T90_08
Page 90

File name: BS_T90_09
Page 90

File name: BS_T90_10
Page 90

File name: BS_T90_11
Page 90

File name: BS_T90_12
Page 90

File name: BS_T90_13
Page 90

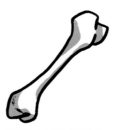

File name: BS_T90_14
Page 90

File name: BS_T90_15
Page 90

File name: BS_T90_16
Page 90

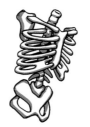

File name: BS_T90_17
Page 90

File name: BS_T90_18
Page 90

File name: BS_T90_19
Page 90

File name: BS_T90_20
Page 90

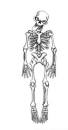

File name: BS_T90_21
Page 90

File name: BS_T90_22
Page 90

File name: BS_T90_23
Page 90

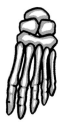

File name: BS_T90_24
Page 90

File name: BS_T90_25
Page 90

File name: BS_T91_01
Page 91

File name: BS_T91_02
Page 91

File name: BS_T91_03
Page 91

File name: BS_T91_04
Page 91

File name: BS_T91_05
Page 91

File name: BS_T91_06
Page 91

File name: BS_T91_07
Page 91

File name: BS_T92_01
Page 92

File name: BS_T93_01
Page 93

File name: BS_T93_02
Page 93

COMPONENTS

File name: BS_T94_01
Page 94

File name: BS_T94_02
Page 94

File name: BS_T95_01
Page 95

File name: BS_T95_02
Page 95

File name: BS_T95_03
Page 95

File name: BS_T95_04
Page 95

File name: BS_T96_01
Page 96

File name: BS_T97_01
Page 97

File name: BS_T98_01
Page 98

File name: BS_T99_01
Page 99

File name: BS_T100_01
Page 100

File name: BS_T100_02
Page 100

File name: BS_T100_03
Page 100

File name: BS_T101_01
Page 101

File name: BS_T102_01
Page 102

File name: BS_T102_02
Page 102

File name: BS_T103_01
Page 103

File name: BS_T103_02
Page 103

File name: BS_T104_01
Page 104

File name: BS_T105_01
Page 105

File name: BS_T106_01
Page 106

File name: BS_T106_02
Page 106

File name: BS_T106_03
Page 106

File name: BS_T107_01
Page 107

File name: BS_T107_02
Page 107

File name: BS_T108_01
Page 108

File name: BS_T108_02
Page 108

File name: BS_T108_03
Page 108

File name: BS_T109_01
Page 109

File name: BS_T109_02
Page 109

File name: BS_T110_01
Page 110

File name: BS_T110_02
Page 110

COMPONENTS

File name: BS_T110_03
Page 110

File name: BS_T110_04
Page 110

File name: BS_T110_05
Page 110

File name: BS_T110_06
Page 110

File name: BS_T111_01
Page 111

File name: BS_T111_02
Page 111

File name: BS_T111_03
Page 111

File name: BS_T111_04
Page 111

File name: BS_T112_01
Page 112

File name: BS_T113_01
Page 113

File name: BS_T114_01
Page 114

File name: BS_T115_01
Page 115

File name: BS_T116_01
Page 116

File name: BS_T117_01
Page 117

File name: BS_T117_02
Page 117

File name: BS_T117_03
Page 117

File name: BS_T118_01
Page 118

File name: BS_T118_02
Page 118

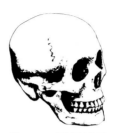

File name: BS_T118_03
Page 118

File name: BS_T118_04
Page 118

File name: BS_T118_05
Page 118

File name: BS_T118_06
Page 118

File name: BS_T119_01
Page 119

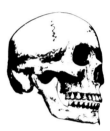

File name: BS_T119_02
Page 119

File name: BS_T120_01
Page 120

File name: BS_T120_02
Page 120

File name: BS_T120_03
Page 120

File name: BS_T120_04
Page 120

File name: BS_T120_05
Page 120

File name: BS_T120_06
Page 120

File name: BS_T121_01
Page 121

File name: BS_T121_02
Page 121

COMPONENTS

File name: BS_T121_03
Page 121

File name: BS_T121_04
Page 121

File name: BS_T121_05
Page 121

License Agreement for the DVD-ROM Files

Licenser: ricorico

1. License
Licenser hereby grants a non-exclusive and non-transferable right and license to use the Templates and Components files in the DVD-ROM (hereinafter referred to as "Files") to a customer who purchased the book Bones and Skulls (hereinafter referred to as "Book"), and who agreed to the terms and conditions of this Agreement (hereinafter referred to as "User").

The User may process, modify, and/or edit the Files included in the DVD-ROM or distribute them as a single file or in combination with other materials on a printed matter as design material in the User's work, such as:
  a. digital media, including websites.
  b. graphics for shop interiors and signs.
  c. leaflets, flyers, posters, direct mail, catalogues, pamphlets, and other tools for advertisement or sales promotion.
  d. goods, clothes, greeting cards, business cards, and other articles for personal production and use. The files may be used for personal, professional, and commercial purposes, provided that the articles produced are not offered for sale. The User may not sell articles made with the Files even when of a personal nature. Please read the following Limitations carefully:

2. Limitations
The User is not licensed to do any of the following:
  a. License, or otherwise by any means permit, any other person to use the Files.
  b. Use the Files for commercial production of postcards, business cards, or any other articles, or sell any such articles made using the Files.
  c. Provide downloading services using the Files (including greeting card services).
  d. Use the Files in order to produce any software or any other objects for sale.
  e. Acquire the copyright in any material in the Files or any objects created using the Files.
  f. Use the Files to create obscene, scandalous, abusive or slanderous works.

3. Copyright and Other Intellectual Property
ricorico and its suppliers reserve the copyright and other intellectual property rights in the Files. When specifying the User of a product made using the Files, please also indicate "© 2010 ricorico".

4. Exclusion of Damages
In no event shall Rockport Publishers and ricorico be liable for any damages whatsoever (including but not limited to, damages for loss of profit or loss of the file contents) related to the use or inability to use the Files or use the materials in the Files.

5. Termination of this License Agreement
If the User breaches any of the articles in this Agreement, Rockport Publishers and ricorico have the right to withdraw the User's License granted on the basis hereof.

AB●UT THE AUTH●R

ricoricio *is a Tokyo-based book packaging company established in 2009. They have been actively producing books in the area of graphic design, photography, craft, pop culture, and manga, including two titles that they also authored.*